Date _____   **Caster** _____

Name of Ritual or Spell _____

Purpose _____

Participants   **Deities Invoked**

Waxing   Full Moon   Waning

Description

Ingredients and Equipment

Immediate feelings and effects

Follow Up

Manifestation Date _____

Results _____

Date _____   **Caster** _____

Name of Ritual or Spell _____

Purpose _____

Participants   **Deities Invoked**

Waxing   Full Moon   Waning

Description	Ingredients and Equipment

Immediate feelings and effects	

Follow Up

Manifestation Date _____

Results _____

Date _____ **Caster** _____

Name of Ritual or Spell _____

Purpose _____

Participants   **Deities Invoked**

         Waxing   Full Moon   Waning

Description

Ingredients and Equipment

Immediate feelings and effects

Follow Up

Manifestation Date _____

Results _____

Date _____   **Caster** _____

Name of Ritual or Spell _____

Purpose _____

Participants   **Deities Invoked**

| Waxing | Full Moon | Waning |

Description

Ingredients and Equipment

Immediate feelings and effects

Follow Up

Manifestation Date _____

Results _____

Date _____   **Caster** _____

Name of Ritual or Spell _____

Purpose _____

Participants   **Deities Invoked**

| Waxing | Full Moon | Waning |

Description	Ingredients and Equipment

Immediate feelings and effects

Follow Up

Manifestation Date _____

Results _____

Date _____ **Caster** _____

Name of Ritual or Spell _____

Purpose _____

Participants   **Deities Invoked**

Waxing   Full Moon   Waning

Description

Ingredients and Equipment

Immediate feelings and effects

Follow Up

Manifestation Date _____

Results _____

Date _____   **Caster** _____

Name of Ritual or Spell _____

Purpose _____

Participants   **Deities Invoked**

Waxing   Full Moon   Waning

Description

Ingredients and Equipment

Immediate feelings and effects

Follow Up

Manifestation Date _____

Results _____

Date _____   **Caster** _____

Name of Ritual or Spell _____

Purpose _____

Participants   **Deities Invoked**

Waxing   Full Moon   Waning

Description

Ingredients and Equipment

Immediate feelings and effects

Follow Up

Manifestation Date _____

Results _____

Date _____ **Caster** _____

Name of Ritual or Spell _____

Purpose _____

Participants   **Deities Invoked**

Waxing	Full Moon	Waning

Description

Ingredients and Equipment

Immediate feelings and effects

Follow Up

Manifestation Date _____

Results _____

Date _____ **Caster** _____

Name of Ritual or Spell _____

Purpose _____

Participants   **Deities Invoked**

Waxing   Full Moon   Waning

Description	Ingredients and Equipment

Immediate feelings and effects

Follow Up

Manifestation Date _____

Results _____

Date _____   **Caster** _____

Name of Ritual or Spell _____

Purpose _____

Participants   **Deities Invoked**

Waxing   Full Moon   Waning

Description

Ingredients and Equipment

Immediate feelings and effects

Follow Up

Manifestation Date _____

Results _____

Date _____ **Caster** _____

Name of Ritual or Spell _____

Purpose _____

Participants   **Deities Invoked**

Waxing   Full Moon   Waning

Description

Ingredients and Equipment

Immediate feelings and effects

Follow Up

Manifestation Date _____

Results _____

Date _____   **Caster** _____

Name of Ritual or Spell _____

Purpose _____

Participants   **Deities Invoked**

| Waxing | Full Moon | Waning |

Description

Ingredients and Equipment

Immediate feelings and effects

Follow Up

Manifestation Date _____

Results _____

Date _____ **Caster** _____

Name of Ritual or Spell _____

Purpose _____

Participants   **Deities Invoked**

Waxing   Full Moon   Waning

Description

Ingredients and Equipment

Immediate feelings and effects

Follow Up

Manifestation Date _____

Results _____

Date _____ **Caster** _____

Name of Ritual or Spell _____

Purpose _____

Participants   **Deities Invoked**

| Waxing | Full Moon | Waning |

Description

Ingredients and Equipment

Immediate feelings and effects

Follow Up

Manifestation Date _____

Results _____

Date _____ **Caster** _____

Name of Ritual or Spell _____

Purpose _____

Participants **Deities Invoked**

Waxing Full Moon Waning

Description

Ingredients and Equipment

Immediate feelings and effects

Follow Up

Manifestation Date _____

Results _____

Date _____   **Caster** _____

Name of Ritual or Spell _____

Purpose _____

Participants   **Deities Invoked**

| Waxing | | | Full Moon | | | Waning |

| Description | | Ingredients and Equipment |

| Immediate feelings and effects | | |

Follow Up

Manifestation Date _____

Results _____

Date _____ **Caster** _____

Name of Ritual or Spell _____

Purpose _____

Participants   **Deities Invoked**

         Waxing   Full Moon   Waning

Description

Ingredients and Equipment

Immediate feelings and effects

Follow Up

Manifestation Date _____

Results _____

Date _____   **Caster** _____

Name of Ritual or Spell _____

Purpose _____

Participants   **Deities Invoked**

| Waxing | Full Moon | Waning |

Description

Ingredients and Equipment

Immediate feelings and effects

Follow Up

Manifestation Date _____

Results _____

Date _____ **Caster** _____

Name of Ritual or Spell _____

Purpose _____

Participants   **Deities Invoked**

Waxing   Full Moon   Waning

Description

Ingredients and Equipment

Immediate feelings and effects

Follow Up

Manifestation Date _____

Results _____

Date _____   Caster _____

Name of Ritual or Spell _____

Purpose _____

Participants   **Deities Invoked**

Waxing   Full Moon   Waning

Description

Ingredients and Equipment

Immediate feelings and effects

Follow Up

Manifestation Date _____

Results _____

Date _____   **Caster** _____

Name of Ritual or Spell _____

Purpose _____

Participants   **Deities Invoked**

Waxing   Full Moon   Waning

Description

Ingredients and Equipment

Immediate feelings and effects

Follow Up

Manifestation Date _____

Results _____

Date _____ **Caster** _____

Name of Ritual or Spell _____

Purpose _____

Participants　　　　　　　　**Deities Invoked**

Waxing　　　　　　　Full Moon　　　　　　　Waning

Description	Ingredients and Equipment

Immediate feelings and effects

Follow Up

Manifestation Date _____

Results _____

Date _____   Caster _____

Name of Ritual or Spell _____

Purpose _____

Participants   **Deities Invoked**

Waxing   Full Moon   Waning

Description

Ingredients and Equipment

Immediate feelings and effects

Follow Up

Manifestation Date _____

Results _____

Date _____   **Caster** _____

Name of Ritual or Spell _____

Purpose _____

Participants   **Deities Invoked**

Waxing   Full Moon   Waning

Description	Ingredients and Equipment

Immediate feelings and effects

Follow Up

Manifestation Date _____

Results _____

Date _____   **Caster** _____

Name of Ritual or Spell _____

Purpose _____

Participants   **Deities Invoked**

Waxing   Full Moon   Waning

Description

Ingredients and Equipment

Immediate feelings and effects

Follow Up

Manifestation Date _____

Results _____

Date _____   Caster _____

Name of Ritual or Spell _____

Purpose _____

Participants   **Deities Invoked**

Waxing	Full Moon	Waning

Description	Ingredients and Equipment

| Immediate feelings and effects | |

Follow Up

Manifestation Date _____

Results _____

Date _____   **Caster** _____

Name of Ritual or Spell _____

Purpose _____

Participants   **Deities Invoked**

Waxing   Full Moon   Waning

Description	Ingredients and Equipment

Immediate feelings and effects

Follow Up

Manifestation Date _____

Results _____

Date _____ **Caster** _____

Name of Ritual or Spell _____

Purpose _____

Participants   **Deities Invoked**

| Waxing | Full Moon | Waning |

Description

Ingredients and Equipment

Immediate feelings and effects

Follow Up

Manifestation Date _____

Results _____

Date _____   Caster _____

Name of Ritual or Spell _____

Purpose _____

Participants   Deities Invoked

| Waxing | Full Moon | Waning |

Description

Ingredients and Equipment

Immediate feelings and effects

Follow Up

Manifestation Date _____

Results _____

Date _____   **Caster** _____

Name of Ritual or Spell _____

Purpose _____

Participants   **Deities Invoked**

| Waxing | Full Moon | Waning |

Description

Ingredients and Equipment

Immediate feelings and effects

Follow Up

Manifestation Date _____

Results _____

Date _____   **Caster** _____

Name of Ritual or Spell _____

Purpose _____

Participants   **Deities Invoked**

Waxing   Full Moon   Waning

Description

Ingredients and Equipment

Immediate feelings and effects

Follow Up

Manifestation Date _____

Results _____

Date _____   **Caster** _____

Name of Ritual or Spell _____

Purpose _____

Participants   **Deities Invoked**

| Waxing | Full Moon | Waning |

Description	Ingredients and Equipment

Immediate feelings and effects

Follow Up

Manifestation Date _____

Results _____

Date _____ **Caster** _____

Name of Ritual or Spell _____

Purpose _____

Participants   **Deities Invoked**

Waxing	Full Moon	Waning

Description

Ingredients and Equipment

Immediate feelings and effects

Follow Up

Manifestation Date _____

Results _____

Date _____ **Caster** _____

Name of Ritual or Spell _____

Purpose _____

Participants   **Deities Invoked**

| Waxing   Full Moon   Waning |

| Description | Ingredients and Equipment |

| Immediate feelings and effects | |

Follow Up

Manifestation Date _____

Results _____

Date _____ **Caster** _____

Name of Ritual or Spell _____

Purpose _____

Participants   **Deities Invoked**

| Waxing | Full Moon | Waning |

Description

Ingredients and Equipment

Immediate feelings and effects

Follow Up

Manifestation Date _____

Results _____

Date _____ **Caster** _____

Name of Ritual or Spell _____

Purpose _____

Participants   **Deities Invoked**

Waxing   Full Moon   Waning

Description

Ingredients and Equipment

Immediate feelings and effects

Follow Up

Manifestation Date _____

Results _____

Date _____   **Caster** _____

Name of Ritual or Spell _____

Purpose _____

Participants   **Deities Invoked**

Waxing   Full Moon   Waning

Description

Ingredients and Equipment

Immediate feelings and effects

Follow Up

Manifestation Date _____

Results _____

Date _____ **Caster** _____

Name of Ritual or Spell _____

Purpose _____

Participants   **Deities Invoked**

Waxing   Full Moon   Waning

Description

Ingredients and Equipment

Immediate feelings and effects

Follow Up

Manifestation Date _____

Results _____

Date _____   **Caster** _____

Name of Ritual or Spell _____

Purpose _____

Participants   **Deities Invoked**

| Waxing | Full Moon | Waning |

| Description | Ingredients and Equipment |

| Immediate feelings and effects | |

Follow Up

Manifestation Date _____

Results _____

Date _____ **Caster** _____

Name of Ritual or Spell _____

Purpose _____

Participants　　　　　　**Deities Invoked**

```
     Waxing              Full Moon              Waning
   ●   ◐   ◑   ○   ◑   ◐   ●
```

Description

Ingredients and Equipment

Immediate feelings and effects

Follow Up

Manifestation Date _____

Results _____

Date _____ **Caster** _____

Name of Ritual or Spell _____

Purpose _____

Participants　　　　　　　**Deities Invoked**

Waxing	Full Moon	Waning

Description

Ingredients and Equipment

Immediate feelings and effects

Follow Up

Manifestation Date _____

Results _____

Date _____   **Caster** _____

Name of Ritual or Spell _____

Purpose _____

Participants   **Deities Invoked**

Waxing	Full Moon	Waning

Description

Ingredients and Equipment

Immediate feelings and effects

Follow Up

Manifestation Date _____

Results _____

Date _____ **Caster** _____

Name of Ritual or Spell _____

Purpose _____

Participants **Deities Invoked**

Waxing   Full Moon   Waning

Description

Ingredients and Equipment

Immediate feelings and effects

Follow Up

Manifestation Date _____

Results _____

Date _____ **Caster** _____

Name of Ritual or Spell _____

Purpose _____

Participants   **Deities Invoked**

Waxing   Full Moon   Waning

Description

Ingredients and Equipment

Immediate feelings and effects

Follow Up

Manifestation Date _____

Results _____

Date _____   **Caster** _____

Name of Ritual or Spell _____

Purpose _____

Participants   **Deities Invoked**

Waxing   Full Moon   Waning

Description

Ingredients and Equipment

Immediate feelings and effects

Follow Up

Manifestation Date _____

Results _____

Date _____ **Caster** _____

Name of Ritual or Spell _____

Purpose _____

Participants   **Deities Invoked**

| Waxing | Full Moon | Waning |

Description

Ingredients and Equipment

Immediate feelings and effects

Follow Up

Manifestation Date _____

Results _____

Date _____   Caster _____

Name of Ritual or Spell _____

Purpose _____

Participants   Deities Invoked

| Waxing | Full Moon | Waning |

Description

Ingredients and Equipment

Immediate feelings and effects

Follow Up

Manifestation Date _____

Results _____

Date _____   **Caster** _____

Name of Ritual or Spell _____

Purpose _____

Participants   **Deities Invoked**

Waxing   Full Moon   Waning

Description

Ingredients and Equipment

Immediate feelings and effects

Follow Up

Manifestation Date _____

Results _____

Date _____ **Caster** _____

Name of Ritual or Spell _____

Purpose _____

Participants   **Deities Invoked**

Waxing   Full Moon   Waning

● ◐ ◐ ○ ◑ ◑ ●

Description

Ingredients and Equipment

Immediate feelings and effects

Follow Up

Manifestation Date _____

Results _____

Date _____ **Caster** _____

Name of Ritual or Spell _____

Purpose _____

Participants   **Deities Invoked**

```
        Waxing              Full Moon              Waning
   ●  ◐  ◐  ○  ◑  ◑  ●
```

Description	Ingredients and Equipment

Immediate feelings and effects

Follow Up

Manifestation Date _____

Results _____

Date _____ **Caster** _____

Name of Ritual or Spell _____

Purpose _____

Participants   **Deities Invoked**

| Waxing | Full Moon | Waning |

| Description | Ingredients and Equipment |

| Immediate feelings and effects | |

Follow Up

Manifestation Date _____

Results _____

Date _____ **Caster** _____

Name of Ritual or Spell _____

Purpose _____

Participants   **Deities Invoked**

Waxing   Full Moon   Waning

Description

Ingredients and Equipment

Immediate feelings and effects

Follow Up

Manifestation Date _____

Results _____

Date _____   **Caster** _____

Name of Ritual or Spell _____

Purpose _____

Participants   **Deities Invoked**

Waxing   Full Moon   Waning

Description	Ingredients and Equipment

Immediate feelings and effects

Follow Up

Manifestation Date _____

Results _____

Date _____ **Caster** _____

Name of Ritual or Spell _____

Purpose _____

Participants   **Deities Invoked**

| Waxing | Full Moon | Waning |

Description

Ingredients and Equipment

Immediate feelings and effects

Follow Up

Manifestation Date _____

Results _____

Date _____ **Caster** _____

Name of Ritual or Spell _____

Purpose _____

Participants   **Deities Invoked**

Waxing   Full Moon   Waning

Description

Ingredients and Equipment

Immediate feelings and effects

Follow Up

Manifestation Date _____

Results _____

Date _____ **Caster** _____

Name of Ritual or Spell _____

Purpose _____

Participants **Deities Invoked**

| Waxing | Full Moon | Waning |

Description

Ingredients and Equipment

Immediate feelings and effects

Follow Up

Manifestation Date _____

Results _____

Date _____   **Caster** _____

Name of Ritual or Spell _____

Purpose _____

Participants   **Deities Invoked**

Waxing   Full Moon   Waning

Description

Ingredients and Equipment

Immediate feelings and effects

Follow Up

Manifestation Date _____

Results _____

Date _____ **Caster** _____

Name of Ritual or Spell _____

Purpose _____

Participants   **Deities Invoked**

Waxing   Full Moon   Waning

Description

Ingredients and Equipment

Immediate feelings and effects

Follow Up

Manifestation Date _____

Results _____

Date _____ **Caster** _____

Name of Ritual or Spell _____

Purpose _____

Participants   **Deities Invoked**

Waxing	Full Moon	Waning

Description

Ingredients and Equipment

Immediate feelings and effects

Follow Up

Manifestation Date _____

Results _____

Date _____   **Caster** _____

Name of Ritual or Spell _____

Purpose _____

Participants   **Deities Invoked**

Waxing	Full Moon	Waning

Description

Ingredients and Equipment

Immediate feelings and effects

Follow Up

Manifestation Date _____

Results _____

Date _____   **Caster** _____

Name of Ritual or Spell _____

Purpose _____

Participants   **Deities Invoked**

| Waxing | Full Moon | Waning |

Description

Ingredients and Equipment

Immediate feelings and effects

Follow Up

Manifestation Date _____

Results _____

Date _____   **Caster** _____

Name of Ritual or Spell _____

Purpose _____

Participants   **Deities Invoked**

Waxing   Full Moon   Waning

Description	Ingredients and Equipment

Immediate feelings and effects

Follow Up

Manifestation Date _____

Results _____

Date _____   **Caster** _____

Name of Ritual or Spell _____

Purpose _____

Participants   **Deities Invoked**

Waxing   Full Moon   Waning

Description	Ingredients and Equipment

Immediate feelings and effects

Follow Up

Manifestation Date _____

Results _____

Date _____ **Caster** _____

Name of Ritual or Spell _____

Purpose _____

Participants   **Deities Invoked**

| Waxing | Full Moon | Waning |

Description	Ingredients and Equipment

Immediate feelings and effects

Follow Up

Manifestation Date _____

Results _____

Plant Name	Date Planted

Water Requirements 💧 💧💧 💧💧💧   Sunlight ☀ ☼ ●

☐ Seed   ☐ Transplant

Date	Event

Notes

Outcome

Uses

Purchased at: _____   Price: _____

Plant Name	Date Planted

Water Requirements 💧 💧💧 💧💧💧   Sunlight ☀ ☼ ●

☐ Seed   ☐ Transplant

Date	Event

Notes

Outcome

Uses

Purchased at: _____   Price: _____

Plant Name	**Date Planted**

Water Requirements 💧 💧💧 💧💧💧

Sunlight ☀ ☀ ●

☐ Seed   ☐ Transplant

Date	Event

Notes

Outcome

Uses

Purchased at: _____   Price: _____

Plant Name   **Date Planted**

Water Requirements   Sunlight

☐ Seed   ☐ Transplant

Date	Event

Notes

Outcome

Uses

Purchased at: _____   Price: _____

Plant Name | **Date Planted**

Water Requirements 💧 💧💧 💧💧💧

Sunlight ☼ ☼ ●

☐ Seed ☐ Transplant

Date	Event

Notes

Outcome

Uses

Purchased at: _____ Price: _____

Plant Name	Date Planted

Water Requirements 💧 💧💧 💧💧💧

Sunlight ☀ ☼ ●

☐ Seed ☐ Transplant

Date	Event

Notes

Outcome

Uses

Purchased at: _____ Price: _____

Plant Name	Date Planted

Water Requirements 💧 💧💧 💧💧💧

Sunlight ☀ ☼ ●

☐ Seed ☐ Transplant

Date	Event

Notes

Outcome

Uses

Purchased at: _____ Price: _____

Plant Name **Date Planted**

Water Requirements 💧 💧💧 💧💧💧

Sunlight ☀ ☼ ●

☐ Seed   ☐ Transplant

Date	Event

Notes

Outcome

Uses

Purchased at: _____   Price: _____

Plant Name	**Date Planted**

Water Requirements 💧 💧💧 💧💧💧

Sunlight ☀ ☼ ●

☐ Seed   ☐ Transplant

Date	Event

Notes

Outcome

Uses

Purchased at: _____   Price: _____

Plant Name	**Date Planted**

Water Requirements 💧 💧💧 💧💧💧

Sunlight ☀ ☼ ●

☐ Seed ☐ Transplant

Date	Event

Notes

Outcome

Uses

Purchased at: _____ Price: _____

Plant Name	Date Planted

Water Requirements 💧 💧💧 💧💧💧   Sunlight ☀ ☼ ●

☐ Seed   ☐ Transplant

Date	Event

Notes

Outcome

Uses

Purchased at: _____   Price: _____

Plant Name	Date Planted

Water Requirements 💧 💧💧 💧💧💧   Sunlight ☀ 🌤 ●

☐ Seed   ☐ Transplant

Date	Event

Notes

Outcome

Uses

Purchased at: _____   Price: _____

Plant Name	Date Planted

Water Requirements 💧 💧💧 💧💧💧

Sunlight ☀ ☼ ●

☐ Seed   ☐ Transplant

Date	Event

Notes

Outcome

Uses

Purchased at: _____   Price: _____

Plant Name   **Date Planted**

Water Requirements 💧 💧💧 💧💧💧

Sunlight ☀ ☼ ●

☐ Seed   ☐ Transplant

Date	Event

Notes

Outcome

Uses

Purchased at: _____ Price: _____

Plant Name	Date Planted

Water Requirements 💧 💧💧 💧💧💧

Sunlight ☀ ☼ ●

☐ Seed   ☐ Transplant

Date	Event

Notes

Outcome

Uses

Purchased at: _____   Price: _____

Plant Name	Date Planted

Water Requirements 💧 💧💧 💧💧💧

Sunlight ☀ ☼ ●

☐ Seed   ☐ Transplant

Date	Event

Notes

Outcome

Uses

Purchased at: _____   Price: _____

Plant Name	Date Planted

Water Requirements 💧 💧💧 💧💧💧   Sunlight ☀ ☼ ●

☐ Seed   ☐ Transplant

Date	Event

Notes

Outcome

Uses

Purchased at: _____   Price: _____

Plant Name	Date Planted

Water Requirements 💧 💧💧 💧💧💧   Sunlight ☀ ◐ ●

☐ Seed   ☐ Transplant

Date	Event

Notes

Outcome

Uses

Purchased at: _____   Price: _____

Plant Name **Date Planted**

Water Requirements 💧 💧💧 💧💧💧

Sunlight ☀ ☼ ●

☐ Seed   ☐ Transplant

Date	Event

Notes

Outcome

Uses

Purchased at: _____   Price: _____

Plant Name	**Date Planted**

Water Requirements 💧 💧💧 💧💧💧

Sunlight ☀ ☽ ●

☐ Seed   ☐ Transplant

Date	Event

Notes

Outcome

Uses

Purchased at: _____   Price: _____